글 데니스 홍, 홍이산
그림 정용환

상상하고 노력하면 꿈을 이룰 수 있어!

안녕하세요? 저는 미국에 사는 열 살, 홍이산이라고 합니다. 이 책은 제가 네 살 때부터 아빠와 함께 준비한 책이에요. 저는 아기 때부터 아빠의 로봇 연구소에 자주 가서 놀고 함께 자랐기 때문에 제게 로봇은 친구 같은 존재랍니다.

아빠가 만든 로봇들은 저마다 크기와 모양이 달라요. 제가 특별히 좋아하는 로봇은 귀여운 '다윈-오피', 멋지고 반짝이는 '찰리', 그리고 제가 재미로 발로 걷어차기도 하는, 둥둥 떠다니는 '발루'랍니다. 찰리를 처음으로 세상에 선보였을 때, 유명한 과학 잡지 『파퓰러 사이언스』에 찰리 사진이 실렸는데요. 그때 아기였던 제 손과 제 아기 컵이 나오기도 했어요.

저는 아빠가 만든 로봇들이 참 좋아요. 멋지기도 하지만 유용하기도 하거든요. 아! 미래에 유용해질 거라는 말이 더 정확하지만요.

이 책에는 열한 대의 로봇들이 등장합니다. 이 로봇들은 실제 로봇들은 아니지만, 전부 저의 아이디어들을 바탕으로 아빠와 나눈 대화에서 나온 로봇들이에요. 일상생활에서 흥미로운 일이 일어날 때마다 아빠는 이렇게 물어보셨어요.

"이럴 때 어떤 로봇을 만들고 싶니?"

이런 질문에 재미있는 대답을 할 때마다 아빠는 스마트폰에 그 이야기들을 몰래 적으셨어요. 그렇게 모인 수십 가지의 로봇들 중에서 가장 흥미로운 열한 대로 신나는 이야기를 꾸몄고, 그게 바로 이 책이에요.

이런 이야기에 흥미진진한 외계인 이야기가 빠질 수 없겠지요? 뒤로 갈수록 신나는 모험과 외계인들도 나오니 점점 더 재미있게 느껴질 거예요. 저는 세상의 많은 친구들이 이 책을 읽었으면 좋겠습니다. 이 책을 통해서 나이에 상관없이 누구나 상상력을 가지고 열심히 노력하면 정말로 엄청난 일들을 이룰 수 있다는 사실을 많은 친구들과 나누고 싶거든요.

어떤 로봇을 만들고 싶은가요? 이 책의 로봇들을 보고 영감을 얻어 보세요. 이 책을 재미있게 읽고 즐기면서 멋진 상상을 해 보세요. 그 상상을 발전시켜 자기만의 꿈을 마음껏 꾸길 바랍니다. 그리고 무엇보다도 이 책을 재미있게 읽고 즐겼으면 좋겠습니다!

고맙습니다.

홍이산

차례

상상하고 노력하면 꿈을 이룰 수 있어!   4

내 꿈은 로봇 공학자   10
블록 정리 대장 로봇, 블로키   14
목욕 도우미 로봇, 버블버블   18
배터리 충전 로봇, 볼트   22
마사지 로봇, 로미로미   26
잃어버린 강아지를 찾아 주는 로봇, 셜록   30
아빠 대신 출장 가는 로봇, 아바타   34

좌충우돌 로봇 발명   38
인공 지능 딥러닝 로봇, 알버트   40
과자 만드는 셰프 로봇, 램지   44
장난감 지킴이 로봇, 스폿   48
어두운 길을 밝히는 로봇, 루미나   52
춤추는 로봇, 비보이   56

초록 외계인 침공
박사와 장난감을 지켜라   67
로봇 일레븐 미션 완수   84

상상이 현실이 된 로봇 일레븐   90

자기만의 빛을 발하는 꿈을 찾는 것이 중요해   114

내 꿈은 로봇 공학자

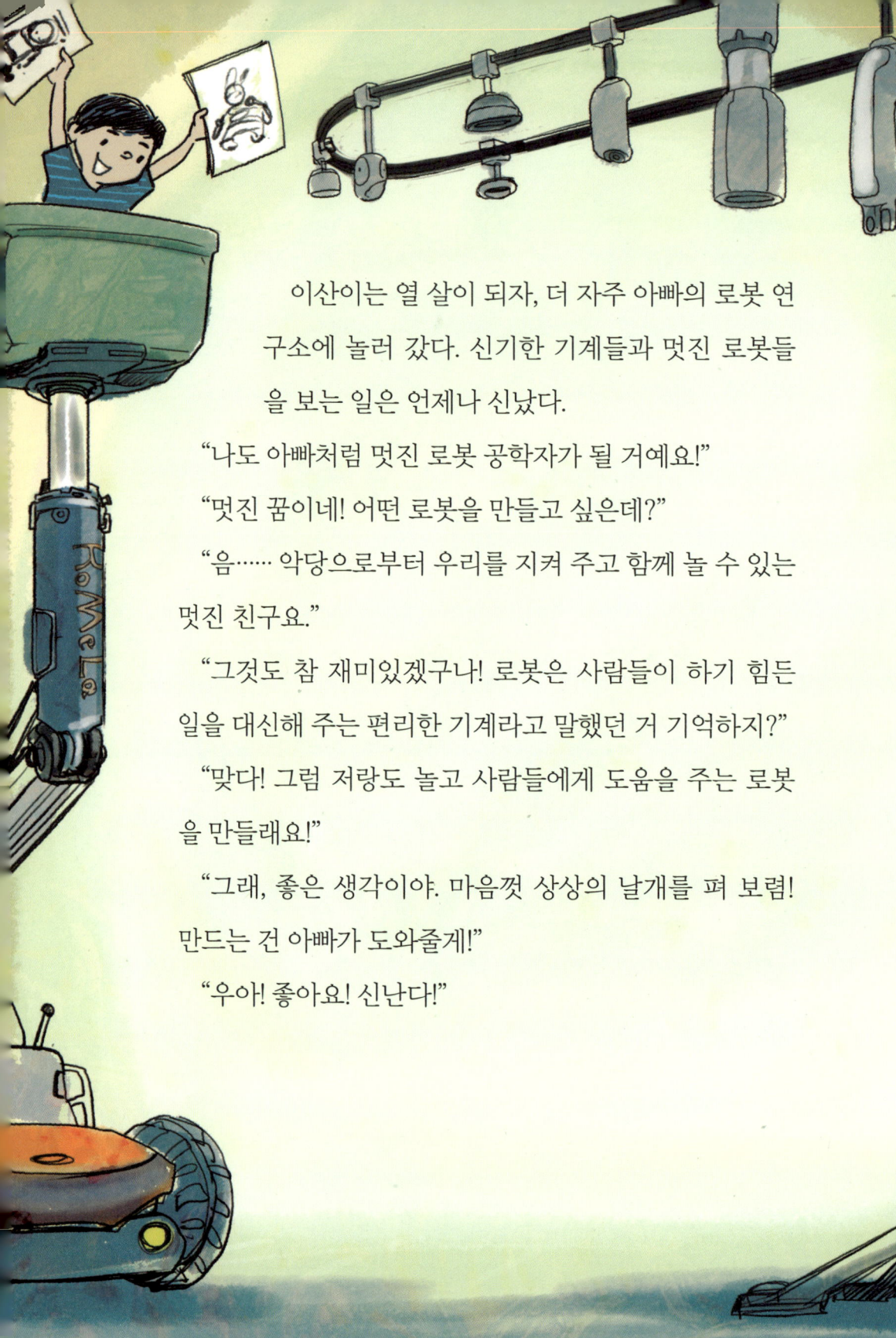

이산이는 열 살이 되자, 더 자주 아빠의 로봇 연구소에 놀러 갔다. 신기한 기계들과 멋진 로봇들을 보는 일은 언제나 신났다.

"나도 아빠처럼 멋진 로봇 공학자가 될 거예요!"

"멋진 꿈이네! 어떤 로봇을 만들고 싶은데?"

"음...... 악당으로부터 우리를 지켜 주고 함께 놀 수 있는 멋진 친구요."

"그것도 참 재미있겠구나! 로봇은 사람들이 하기 힘든 일을 대신해 주는 편리한 기계라고 말했던 거 기억하지?"

"맞다! 그럼 저랑도 놀고 사람들에게 도움을 주는 로봇을 만들래요!"

"그래, 좋은 생각이야. 마음껏 상상의 날개를 펴 보렴! 만드는 건 아빠가 도와줄게!"

"우아! 좋아요! 신난다!"

이산이는 어떤 로봇을 만들까 고민을 하다가 바닥의 블록을 밟고 아파하던 엄마의 모습이 생각났다.

'바로 그거야! 블록을 치우는 로봇을 만드는 거야! 블록 놀이는 좋지만 치우는 건 정말 귀찮잖아.'

이산이는 떠오른 아이디어를 아빠와 이야기하고 로봇 연구소에서 함께 만들기 시작했다.

드디어 로봇이 완성되었다.

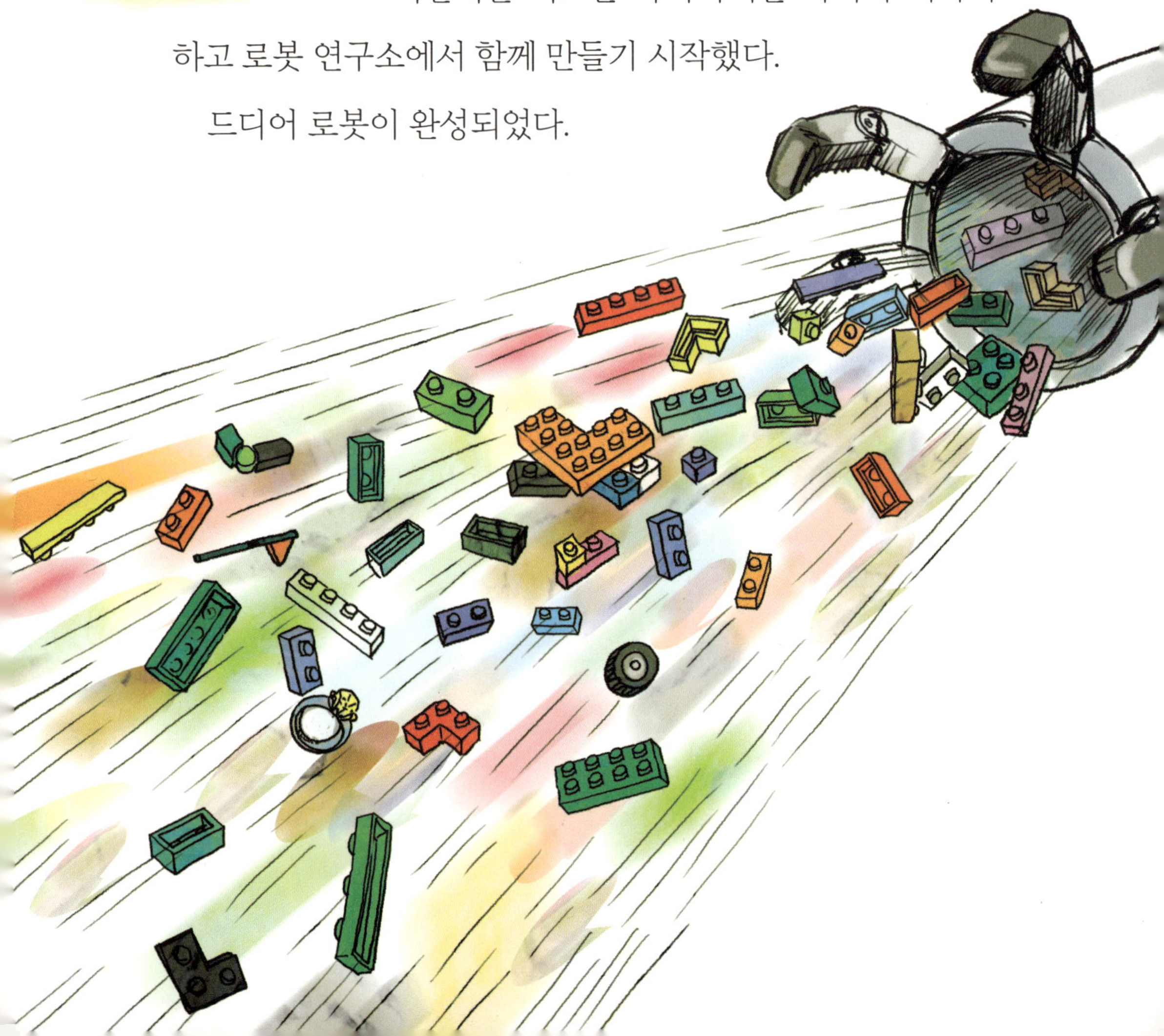

"내 이름은 블로키! 블록을 모양, 크기, 색깔대로 차곡차곡 정리하는 블록 정리 대장이야."

"야호! 이제는 치울 걱정 없이 신나게 놀아야지! 고마워, 블로키. 네가 최고야!"

블로키

그러던 어느 날, 블로키가 집 안에 있는 모든 블록들을 가지고 밖으로 달아났다.

"어? 블로키! 어디 가는 거야?"

"치우다가 보니까, 나도 블록 놀이가 재미있어졌어! 쫓아오지 마! 나도 블록 놀이를 할 거야! 으하하!"

"거기 서! 블로키! 그건 내 블록이야!"

이산이가 블로키를 부르는 소리를 듣고 아빠가 방으로 들어왔다.

"아빠, 블로키가 제 블록들을 가지고 도망가 버렸어요."

"저런…… 남의 것을 허락 없이 가져가는 게 나쁜 일이라고 프로그래밍할 걸 그랬구나."

"아, 맞아요. 그 생각을 못했어요."

"괜찮아, 이렇게 실수도 하면서 배우는 거란다."

여느 오후처럼 이산이는 친구 원기와 신나게 농구를 하고 들어왔다.
'아이고, 끈적해. 따뜻한 물에 들어가는 것은 좋은데 씻는 것은 너무 귀찮아. 아하! 바로 그거야! 목욕을 돕는 로봇을 만드는 거야!'
이산이는 목욕을 하려다 말고 로봇 연구소로 달려갔다. 그리고 아빠와 함께 로봇을 완성하고, 집으로 로봇을 데려왔다.
"자, 여기가 우리 집이야."

"오, 그래? 연구소하고 가깝고 좋네. 욕실은 어디야? 이 버블버블이 깨끗하게 씻을 수 있게 도와줄게."

"응, 저쪽이야. 버블버블!"

"아아악! 나 살려!"
"버블버블! 어디 가?"
"물에 닿았더니 전기 올랐단 말이야. 너무 아파! 진짜 고장 나기 전에 도망갈 거야!"
소란스러운 소리를 듣고 아빠가 달려왔다.
"이산아, 버블버블은?"

"전기가 올라서 고장 날 거 같다고 도망갔어요."
"아이쿠! 로봇의 전기 전자 회로에 물이 닿으면 고장 날 거라는 생각을 미처 못했구나."
"네, 다음에는 방수 기능을 넣어야겠어요. 그런데 목욕은 끝내야 하니까 아빠가 대신 등 좀 밀어 주실래요? 히히!"

이산이는 평소에 아빠의 태블릿 피시를 잘 가지고 놀았다. 하지만 한참 재미있을 만하면 배터리가 닳아서 전원이 꺼지곤 했다.

'이번엔 충전해 주는 로봇을 만드는 거야!'

뚝딱뚝딱!

"나는 충전 로봇 볼트다! 이제부턴 배터리 걱정은 붙들어 매라고! 나만 있으면 무거운 충전기를 가지고 다닐 필요가 없다고!"

활기차게 움직이던 볼트가 갑자기 느릿느릿 행동했다.
"어? 볼트, 왜 그래?"
"내 배터리가 거의 다 떨어져 가서 전기를 아껴야 해."
'볼트가 너무 느려서 같이 킥보드를 탈 수 없잖아.'
"아빠! 볼트가 너무 느리게 움직여요."
"음…… 태양 전지나 풍력 발전기를 달아서 스스로 충전할 수 있게 바꿔야겠다."
"아빠, 로봇을 만드는 것은 생각보다 어려워요."
"괜찮아! 이렇게 도전하고 실패도 하면서 배우는 거란다."

이산이는 어떤 로봇을 만들면 사람들을 도울 수 있을지를 계속해서 고민했다. 그러다가 엄마가 어깨 마사지를 받을 때 행복해하시던 모습이 떠올랐다. 이산이는 로봇 연구소로 달려가 원하는 로봇을 그림으로 그리고 아빠와 함께 로봇을 만들었다.
　"반가워! 나는 마사지 로봇 로미로미야!"
　"안녕! 로미로미, 딱딱하게 뭉친 우리 엄마의 어깨를 주물러 줄래?"
　"알았어. 내가 시원하게 주물러 드릴게!"
　"잠깐! 로미로미! 엄마가 아파하시잖아!"

"힘 조절이 잘 안 되네. 나는 살살 주무른 건데."
"아이고! 이번엔 힘이 너무 세서 문제구나."
"그럼, 이제 나는 쓸모가 없는 거야?"
"아니, 그건 아닐 거야……."
"여기서 내가 쓸모없다면, 난 나의 길을 찾아 떠날 거야! 안녕!"

실망한 로미로미가 벽을 박차고 집을 나갔다.
"이산아, 로미로미가 단단히 실망한 모양이구나. 앗! 그새 로미로미가 문자 메시지를 보냈네."

며칠 뒤, 이산이는 원기가 강아지를 잃어버렸다는 소식에 길 잃은 강아지를 찾는 로봇을 만들기로 했다.

"쿵쿵! 나는 로봇 셜록이다. 머리에 달린 쌍안경으로 멀리까지 볼 수 있고, 고성능 코 센서로 멀리 떨어진 곳에서 나는 냄새도 맡을 수 있지!"

"반가워, 셜록! 이 사진 좀 봐. 너의 첫 번째 미션이야! 그리고 이건 강아지 쿠키가 좋아하는 공인데, 냄새를 맡아 봐!"

"쿵쿵! 정보 입력 완료! 셜록 출동!"

드디어 셜록이 강아지와 함께 집으로 돌아왔다.
"쿠키! 내 강아지! 셜록, 너무너무 고마워!"
"난 내 임무를 충실히 수행했을 뿐이다. 쿵쿵!"
"이산아, 다 네 덕분이야!"
"아이 뭘, 이 정도쯤이야. 앗! 이게 무슨 냄새지? 으악! 집에 강아지 똥 덩어리가 있잖아?"
"그건 쿠키 냄새가 나서 내가 가지고 온 거다. 쿵쿵!"
"으악! 저기도 똥! 똥 천지잖아! 셜록, 얼른 치워!"
"싫다! 난 똥 치우는 로봇이 아니다. 나가서 길 잃은 강아지를 찾을 거다. 쿵쿵!"

"이산아, 이제 똥 치우는 로봇도 만들어야 하는 거 아니야? 하하하!"

"뭐라고! 으윽, 일단 다른 데로 가자. 냄새 때문에 아무 생각이 안 나."

쿠키의 똥 냄새가 다 빠질 때쯤, 이산이는 다음 로봇을 생각하기 시작했다.

'아, 심심해! 이럴 땐 아빠랑 놀면 재미있는데. 근데 아빠는 만날 출장 가느라 바빠. 아하! 아빠 대신 출장을 가는 로봇을 만드는 거야.'

"반가워! 나는 아바타야. 내 얼굴 화면으로 박사님의 얼굴이 보일 거야. 그리고 내 스피커를 통해서 서로의 목소리를 들을 수도 있지. 내가 박사님 대신 출장을 가면, 너는 이제 매일 박사님과 신나게 놀 수 있어!"

아바타가 아빠를 대신해 출장을 가고, 아빠와 이산이는 즐거운 시간을 보내게 되었다. 그런데 생각지도 못했던 일이 벌어졌다.

"엉엉! 사람들이 처음에는 박사님을 만날 생각에 다들 기대했다가, 나를 만나니까 실망들을 해. 모두 나를 미워하는 거 같아!"

아바타가 얼굴 화면에 의미 없는 글자들을 마구 띄우더니 지지직거리는 소리를 냈다.

"아빠, 아바타가 너무 속상해해요."

"아바타를 잘 위로해 주자꾸나. 아바타, 대신 출장을 다녀와 주어서 고맙다. 네 잘못이 아니니, 이제 기운 좀 차리렴."

"휴, 여전히 이상한 글자만 나와요. 딱 알맞은 로봇을 만드는 게 참 어려워요."

"그래, 쉬운 일이 아니야. 뛰어난 기술이 있더라도 사람들에게 진짜로 필요한 게 무엇인지 먼저 이해하는 것이 중요해. 너무 실망하지 말자!"

좌충우돌 로봇 발명

이산이는 그동안 로봇을 여섯 대 만들었다. 조금씩 부족한 점이 있었지만 언젠가는 제 역할을 하게 될 것이라고 믿었다.

'학교 숙제 때문에 로봇을 만드는 시간도 노는 시간도 부족해. 방법이 없을까? 아하, 그거야! 숙제 로봇을 만드는 거야!'

"안녕! 나는 인공 지능 딥러닝 로봇 알버트야. 숙제는 내가 할게. 너는 밖에 나가서 마음껏 놀아."

"진짜? 그러면 밖에서 농구하고 올게. 이제 숙제 때문에 혼날 일은 없겠구나. 히히! 알버트, 고마워!"

이산이는 한참을 놀다가 문득 수학 시험이 떠올라 방으로 들어갔다.

"있잖아, 로봇 공학자가 되려면 수학을 잘해야 하거든. 그러니까 알버트, 이제부터 숙제는 내가 할게!"

"싫어! 수학 숙제를 하니까 이 몸이 수학 천재가 되었다고! 숙제를 더 하고 싶어."

"아니야, 알버트! 그건 내 숙제야!"

"왜 서로 싸우고 있니?"

"아빠, 알버트가 내 숙제를 안 내놔요."

"뭐라고? 서로 숙제를 하고 싶어서 싸웠다고? 세상에나! 우리 학교에서는 상상도 못할 일이 벌어졌군."

식사 때마다 신선한 채소로 만든 샐러드가 밥상에 올라왔지만 사실 이산이는 채소를 싫어했다.
　'아하! 좋은 생각이 났어. 내가 좋아하는 음식을 만들어 주는 로봇을 만드는 거야.'
　이산이는 과자를 먹을 생각에 군침이 돌았다. 드디어 로봇이 완성됐다.
　"안녕! 나는 셰프 로봇, 램지야. 뭐 먹고 싶니?"
　"야호! 지금 당장 만들어 줄 거야? 그럼 나는 달콤하면서 촉촉하지만 바삭바삭한 과자를 먹고 싶어."

　램지가 요리하는 대로 정신없이 먹어 치우던 이산이는 배를 움켜잡았다.
　"윽! 속이 더부룩하고 안 좋아. 램지, 이제 그만 만들어도 될 거 같아."
　"이럴 수가! 음식이 맛없니?"

"아니, 정말 맛있었어. 그런데 갑자기 너무 많이 먹어서 배가 아파 와."

"거짓말! 내 음식을 좋아하는 사람들을 만나러 갈 거야."

"가지 마! 정말 맛있다고!"

하루이틀 지나서 이산이의 배탈은 가라앉았다. 이산이는 이제 또 어떤 로봇을 만들지 고민했다.

'아파서 신경을 못 썼더니, 밖에 묶어 둔 자전거가 사라진 걸 몰랐어. 원기도 저번에 자전거를 잃어버렸는데. 아무래도 마을에 자전거 도둑이 있는 것 같아. 흠, 어쩌면 도둑이 집으로 들어올지도 몰라. 그래! 내 물건은 내가 지켜야겠어.'

이산이는 물건을 지키는 로봇을 만들기로 했다.

뚝딱뚝딱!

"반가워, 나는 스폿이라고 해. 내가 집을 든든하게 지켜 줄게!"

"고마워! 스폿, 앞으로 내 장난감들을 잘 지켜 줘!"

"응. 나만 믿어! 그럼, 나는 이만 출동!"

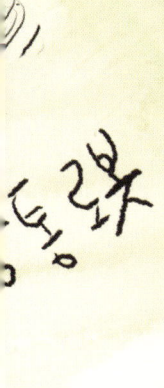

"어? 스폿! 스폿, 어딨어?"

'스폿을 너무 작게 만들었나 봐. 도둑 몰래 숨어 있으라고 작게 만들었더니 나도 못 찾겠어.'

"스폿! 어디 간 거야?"

"……."

"아빠, 아무리 불러도 스폿이 나타나지 않아요."

"하하하! 아마 스폿은 우리 집에 도둑이 들 때까지 숨어 있을 생각인가 보네. 적어도 도둑들이 스폿을 훔쳐 가지는 못하겠구나!"

　자전거를 찾느라 늦은 저녁까지 동네를 돌아다니던 이산이는 요즘 들어 동네 가로등이 깜박깜박하는 게 마음에 걸렸다.
　'밤에 가로등이 아예 꺼져 버려서 골목길이 완전히 깜깜했어. 어두운 길을 환하게 비추는 로봇을 만들어서 사람들이 안전하게 집에 들어갈 수 있게 도와줘야지.'
　"안녕! 내 이름은 루미나야. 밤하늘을 날아다니며 어두운 길을 환하게 밝히는 로봇이지."
　"우와, 밝다! 이제 사람들이 밤길에서도 모두 안전하게 다닐 수 있게 되었네!"

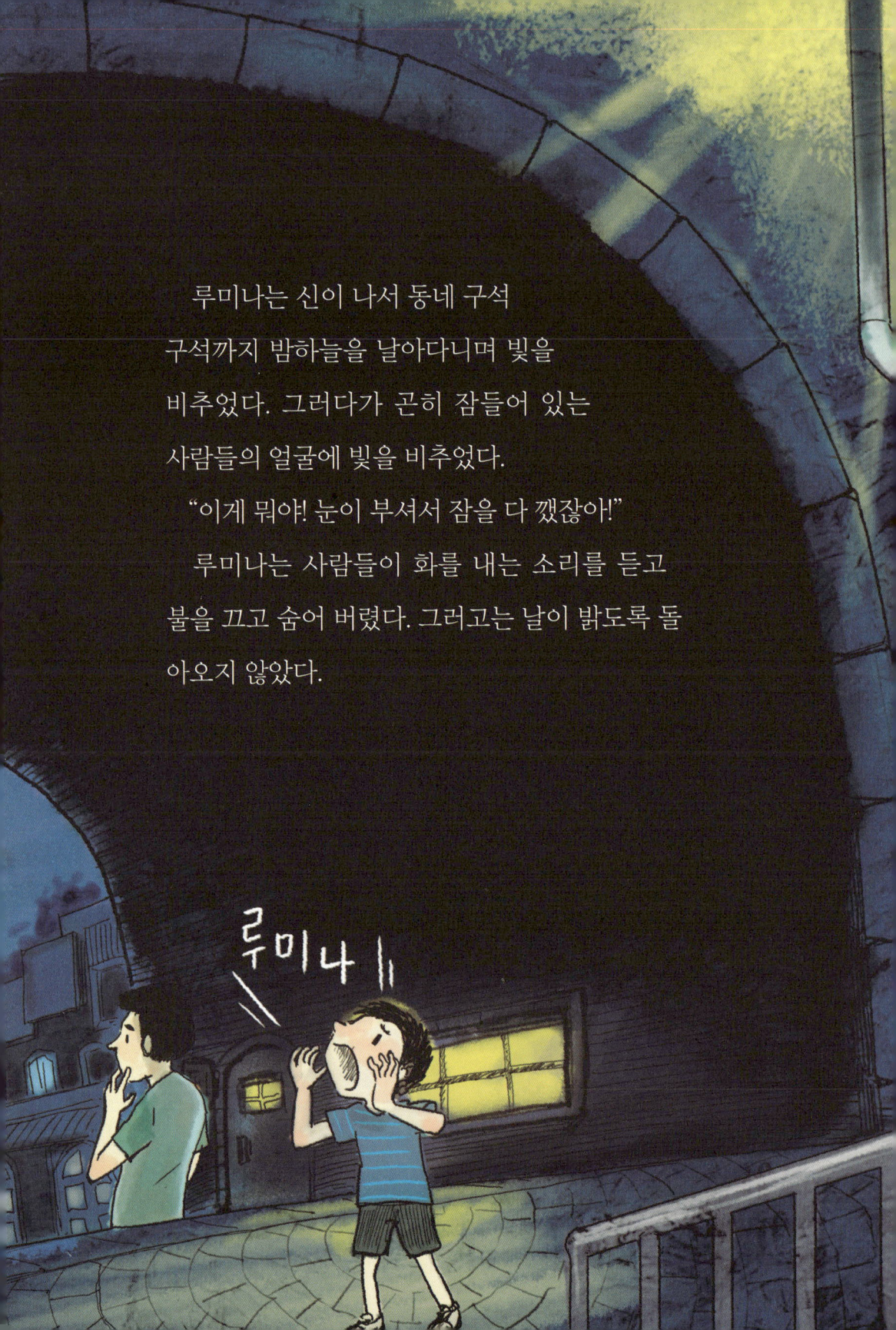

　　루미나는 신이 나서 동네 구석 구석까지 밤하늘을 날아다니며 빛을 비추었다. 그러다가 곤히 잠들어 있는 사람들의 얼굴에 빛을 비추었다.
　"이게 뭐야! 눈이 부셔서 잠을 다 깼잖아!"
　　루미나는 사람들이 화를 내는 소리를 듣고 불을 끄고 숨어 버렸다. 그러고는 날이 밝도록 돌아오지 않았다.

한동안 이산이는 학예회 연습 때문에 로봇을 만들지 못했다.

"이산아, 학예회에서 출 춤을 도와줄 로봇을 만들면 어떻겠니?"

"마침 저도 그 생각을 했어요. 그런데 어떤 춤을 프로그래밍해야 할지 모르겠더라고요."

"그건 걱정 마! 아빠가 로봇하고 춤은 좀 알잖니."

이산이와 아빠는 힘을 합쳐 로봇을 만들었다.

"요! 내 이름은 비보이. 렛츠 기릿!"

비보이가 빠른 속도로 회전하면서 집 안의 가구들과 물건들을 사방으로 날려 버렸다.

"어? 안 돼! 집이 엉망이 되잖아! 멈춰!"

"싫어, 이제 막 시작이야. 브레이크 댄스를 출 거야!"

"안 되겠다. 이산아, 어서 비상 멈춤 스위치를 누르자!"

"다치지는 않았니? 큰일 날 뻔했어. 힘이 세고 빠르게 움직이는 기계들을 다룰 때는 특히 더 조심해야 해."

"네! 그런데 비보이는 어떻게 할까요?"

"로봇 춤을 추게 프로그램을 바꾸면 어떨까? 진짜 로봇이 로봇 춤을 추면 엄청나게 잘하지 않을까?"

"좋아요! 한번 해 봐요!"

다시 프로그래밍을 해서 비보이의 전원 버튼을 누르자 비보이가 되살아났다.

"오! 역시 자기에게 어울리는 일을 할 때 그 능력이 발휘되는구나."

이산이는 그동안 로봇을 열한 대 만들었다. 하지만 원하는 대로 작동한 로봇은 단 한 대도 없었다.

"사람에게 진짜로 도움이 되는 로봇을 만드는 건 생각보다 훨씬 힘들어요."

"그래, 로봇을 만드는 건 쉬운 일이 아니지. 하지만 너무 기죽을 필요는 없어. 이런저런 과정을 통해 배우는 거란다. 지금은 실패한 것처럼 보이는 아이디어도 적당한 때와 장소를 만나면 자기만의 빛을 발한단다. 지금까지 만든 로봇들도 나중에는 분명히 유용하게 쓰일 수 있다는 거지."

"정말 그런 날이 오겠죠?"

"그럼, 그렇고말고."

"그럼 포기하지 않고 계속해 볼게요."

"그래! 하지만 오늘은 여기까지. 아빠는 연구하던 걸 마무리해야 해. 좋은 꿈꾸렴!"

초록 외계인 침공

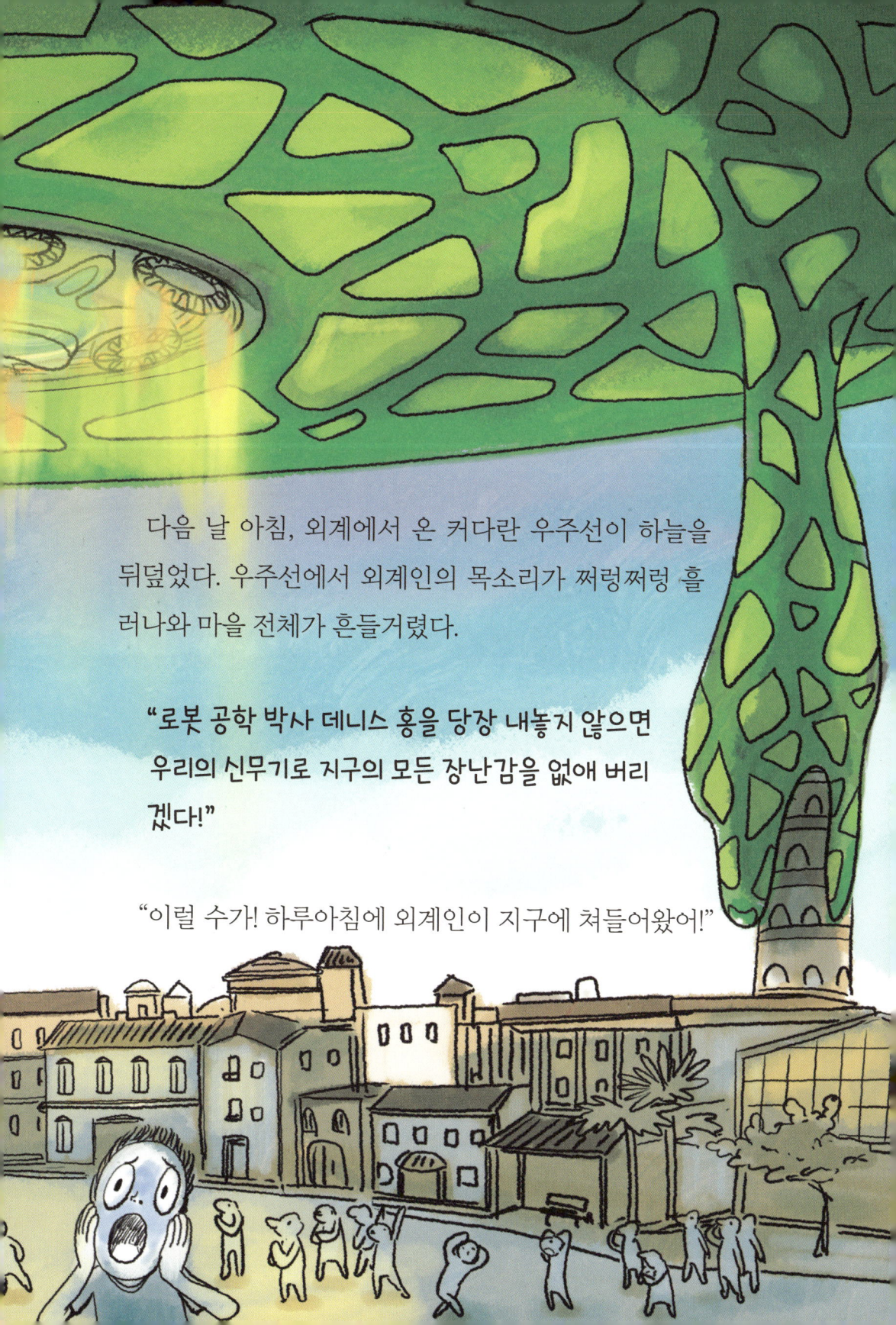

다음 날 아침, 외계에서 온 커다란 우주선이 하늘을 뒤덮었다. 우주선에서 외계인의 목소리가 쩌렁쩌렁 흘러나와 마을 전체가 흔들거렸다.

"로봇 공학 박사 데니스 홍을 당장 내놓지 않으면 우리의 신무기로 지구의 모든 장난감을 없애 버리겠다!"

"이럴 수가! 하루아침에 외계인이 지구에 쳐들어왔어!"

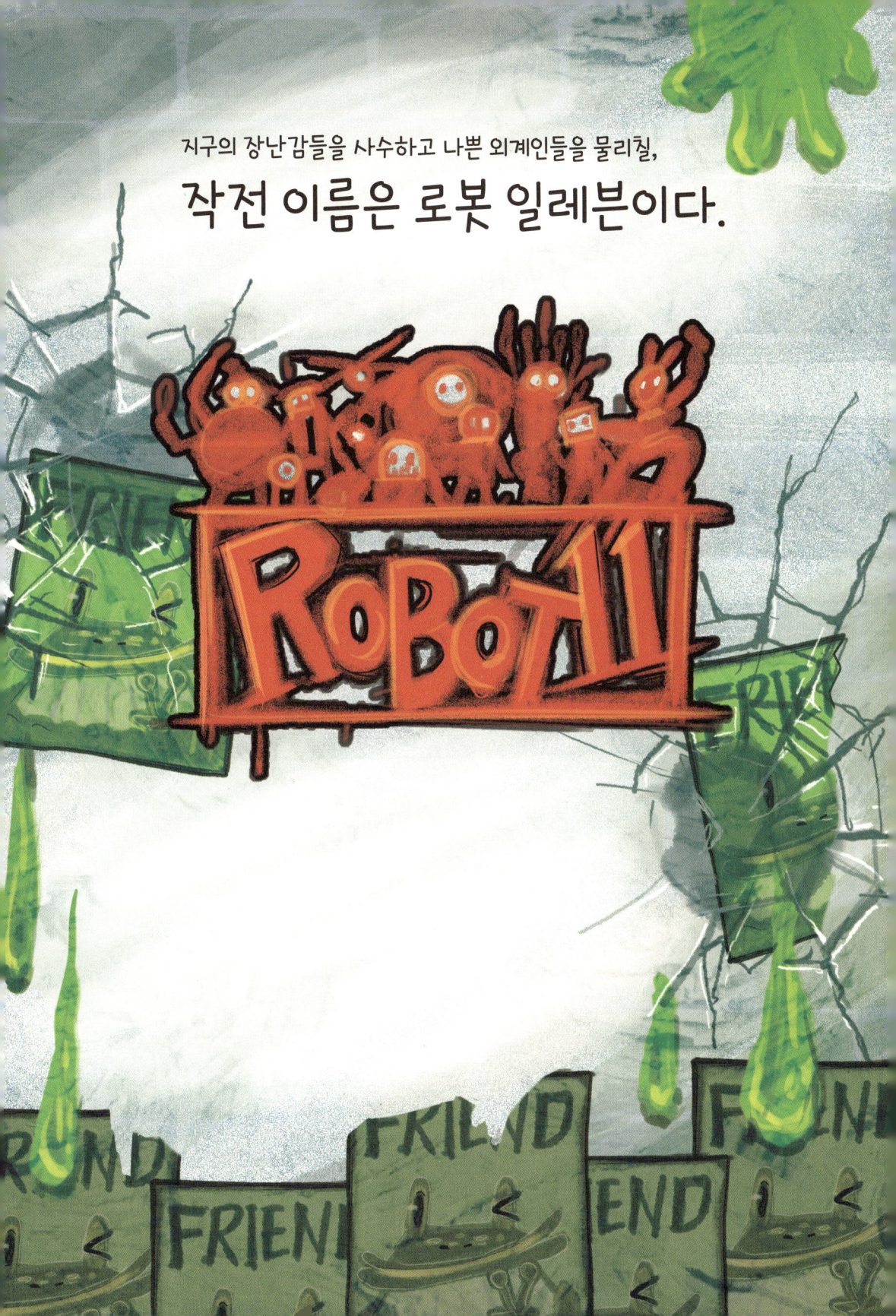

작전 1단계! 외계인을 방심하게 하라!

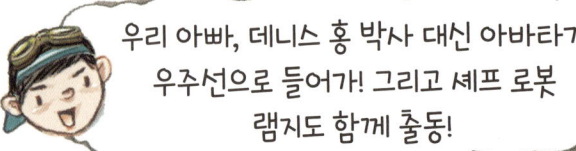

우리 아빠, 데니스 홍 박사 대신 아바타가 우주선으로 들어가! 그리고 셰프 로봇 램지도 함께 출동!

안녕하세요. 데니스 홍 박사입니다.

데니스 홍 박사다. 문을 열어 줘야지.

데니스 홍 박사님, 환영합니다. 자, 이제 우리 별로 같이 가셔서 로봇을 만들어 주시죠. 우리들도 로봇이 필요합니다.

음하하하! 겁쟁이 지구인들. 이렇게 쉽게 데니스 홍 박사를 내어 주다니. 생각보다 쉽구먼.

작전 2단계! 외계인의 무기를 찾아라!

작전 3단계! 외계인의 무기를 없애라!

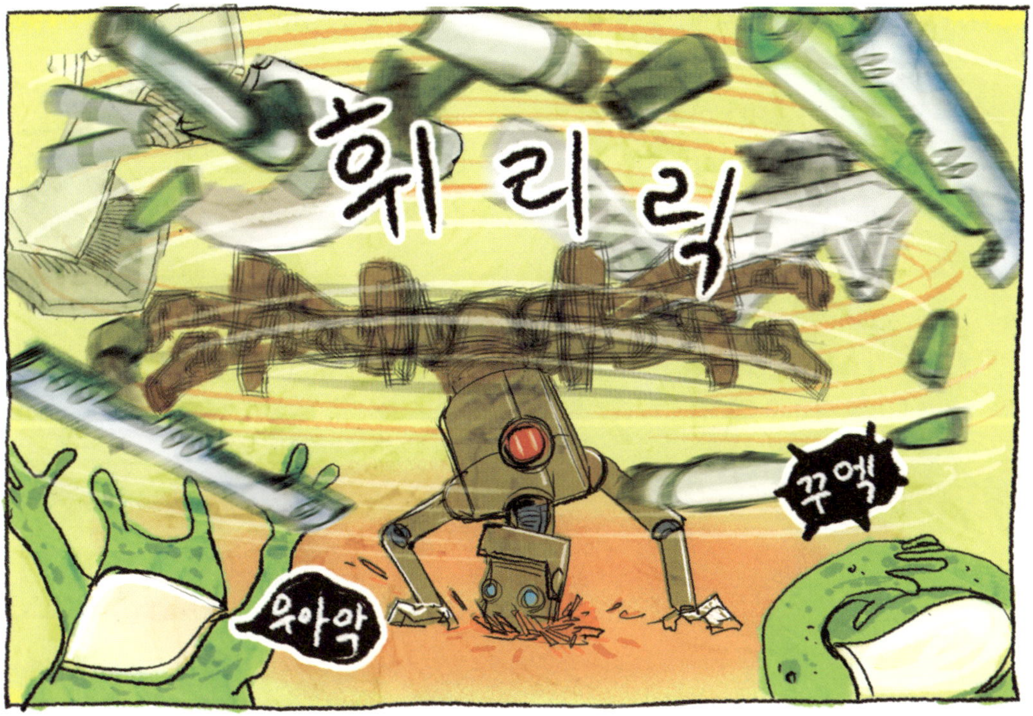
휘리릭
꾸엑
우아악

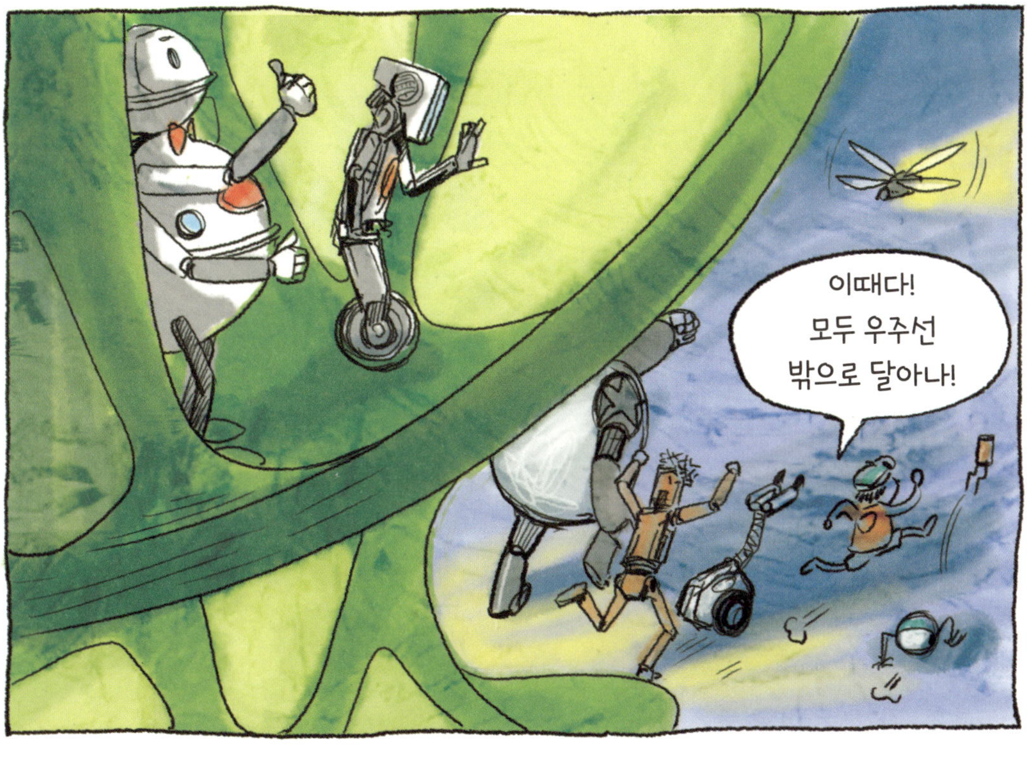
이때다! 모두 우주선 밖으로 달아나!

작전 4단계! 외계인의 공격으로부터 마을을 지켜라!

잔뜩 화가 난 외계인들이 우주선에서 나와 마을을 침공하기 시작했다.

안 되겠다. 마을 반대편으로 가자!

이쪽이야

끼릭끼릭

쏵

으악! 미끄러워서 걷기가 힘들어!

안 되겠다! 마을로 가지 말고 시청을 먼저 점령하자!

파당

잘했어, 버블버블! 블로키도 멋졌어!

작전 5단계! 외계인을 지구에서 내쫓아라!

으악! 큰일이야. 우주선에서 바로 시청으로 출구를 내리고 있어!

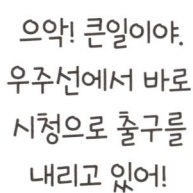

시청을 점령하자! 흐흐.

으악! 저게 뭐야?

"아주 만족스러운 기술 공유 협정이오. 감사하오. 앞으로 우리 별에도 자주 놀러 오시기 바라오.!"

"감사의 선물을 준비했습니다. 제가 가장 좋아하는 거예요."

으악! 지구의 과자는 정말 싫어!

선물 상자를 열어 본 외계인들은 황급히 지구를 떠났다고 한다.

상상이 현실이 된 로봇 일레븐

안녕, 어린이 친구 여러분. 나는 로봇 공학 박사 데니스 홍이야. 우리 로봇 연구소 '로멜라'에서는 화재 진압 로봇, 재난 구조 로봇, 시각 장애인들을 위한 자동차 등 사람에게 도움을 주는 따뜻한 로봇 기술을 개발하고 있단다. 자, 이제 우리가 곧 만나 볼 수도 있는 로봇 일레븐을 만나 볼까?

참, 로봇을 만나다 보면 휴머노이드라는 말이 많이 나오는데, 이 말은 머리와 몸통, 팔, 다리가 달려서 인간의 신체와 비슷한 로봇을 말하는 거란다.

다윈-오피 DARwIn-OP
Dynamic Anthropomorphic Robot with Intelligence-Open Platform

로봇 교육과 연구를 위한 지능형 휴머노이드 로봇 플랫폼* 으로 2004년부터 미국국립과학재단의 지원을 통해 개발된 로봇이야. 더 많은 연구자들이 쉽게 사용할 수 있도록 다윈-오피 기술에 대한 모든 정보를 오픈 소스로 공개하여 로봇 기술에 크게 이바지했지. 또 재미있게도 2011년부터 2013년까지 매년 '세계 로봇 축구 대회 로보컵RoboCup' 아동형 리그Kid-size에서 우승을 한 기록이 있어. 다윈-오피는 다양하고 역동적인 움직임뿐만 아니라 귀여운 생김새와 똑똑한 지능으로 많은 사람들의 사랑을 듬뿍 받는 로봇이란다.

* 정보 시스템 환경을 구축하고 개방하여 누구나 다양하고 방대한 정보를 쉽게 활용할 수 있도록 제공하는 기반 서비스.

헥스 HEX
Hexapod Enhancement Xperiment

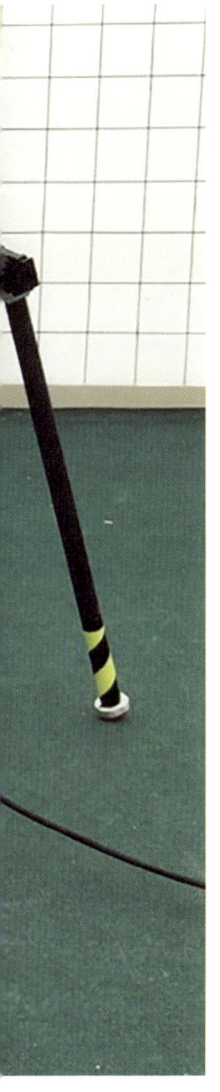

헥스는 전쟁이 끝난 지역에서 지뢰들을 찾아서 제거하는 로봇이야. 몸통에 정교한 로봇 팔을 부착해서 로봇이 자율적으로 지뢰를 탐지하도록 개발되었어. 거미처럼 생겼지만 다리는 여덟 개가 아니야. 곤충처럼 다리가 여섯 개 달렸지. 몸이 모든 방향으로 대칭되어 있어서 앞뒤, 양옆, 모든 방향으로 쉽게 이동할 수 있단다. 그 덕분에 험난한 지역도 문제없이 걸어 다닐 수 있어. 크기높이 1.1m, 길이 2.2m도 엄청나서 헥스를 보는 사람들은 입이 딱 벌어진단다.

찰리 CHARLI
Cognitive Humanoid Autonomous Robot with Learning Intelligence

찰리는 미국 최초의 휴머노이드 로봇이라고 인정받는 인간형 로봇이야. 값비싼 센서를 사용하지 않고도 걸을 수 있는 기술을 적은 비용으로 개발했어. 또 안전을 위해서 아주 가볍게 만드는 데 중점을 두었지. 무엇보다도 카메라로 세상을 보고 인식하고 자율적으로 작동되는 인공 지능 기술이 뛰어나단다.

찰리는 2011년 '세계 로봇 축구 대회 로보컵RoboCup' 성인형 리그Adult-size에서 우승을 해 세계 챔피언이 되었어. 또 로봇을 만드는 사람이면 누구나 탐내는 '영광의 트로피' 루이비통 휴머노이드컵을 차지하기도 했어. 미국의 권위 있는 과학 잡지인『파퓰러 사이언스Popular Science』의 표지 장식은 물론 NBC <투데이쇼Today Show>와 CNN <앤더슨 쿠퍼360Anderson Cooper360> 등 각종 TV프로그램에도 출연했지.

또 펩시 캔에 찰리와 내가 함께 프린트되어 출시되기도 했고, 찰리가 가수 싸이의 '강남 스타일' 맞춤을 추는 동영상은 단 나흘 만에 유튜브 조회수 100만 회를 기록하는 등 엄청난 인기를 누렸어.

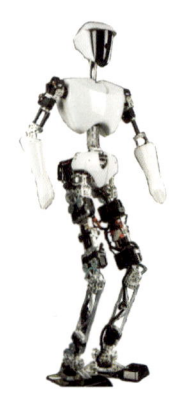

〈스탠리의 슈퍼 인간Stan Lee's Super Human〉 TV프로그램에서 세계 팔씨름 챔피언과 찰리가 팔씨름 대결을 하는 모습.

찰리가 루이비통 휴머노이드컵을 수상하고 트로피와 함께 찍은 사진.

사파이어 SAFFiR
Shipboard Autonomous Fire Fighting Robot

사파이어는 함정*에 불이 났을 때, 불을 끄는 로봇이야. 미 해군 연구소에서 지원받아 개발됐어. 함정은 인간을 위해 설계된 환경이기 때문에 로봇이 인간과 같은 형태가 아니면 마음대로 돌아다니기 힘들어. 계단은 사람이 걸어 올라가기에 적합하게 되어 있고, 문 손잡이도 사람이 열고 닫기에 적합한 높이로 되어 있으니까 말이야. 더불어 소화기나 화재 진압용 도구처럼 인간이 사용하는 도구를 사용하기 위해서도 인간의 형태와 비슷해야 했지. 이러한 이유로 사파이어는 휴머노이드 형태로 만들게 된 거야.

사파이어는 두 다리가 있는 로봇이어서 파도에 흔들리는 배에서도 중심을 잡고 걸어 다닐 수 있어. 또 방화복을 입으면 뜨거운 화염으로부터 몸을 보호할 수도 있지. 로보컵에 출전할 축구 로봇을 만들면서 개발한 기술로 사파이어를 만들게 된 거야. 그런데 그 기술을 사람의 생명을 구하는 일에 사용하게 되었다는 것이 참 놀랍지 않니?

* 크고 작은 군사용 배를 통틀어 이르는 말로 군함, 구축함, 어뢰정, 소해정 따위가 있다.

발루 BALLU
Buoyancy Assisted Lightweight Legged Unit

'어떻게 하면 넘어지지 않고 걸어가는 로봇을 만들 수 있을까?'라는 고민에서 탄생한 기상천외한 로봇이 발루야. 헬륨을 채운 풍선 몸통에 가늘고 가벼운 두 다리로 걷는 로봇이야. 부력을 이용해서 안전성을 확보했기 때문에 넘어질 걱정이 절대로 없지.

걷고, 방향을 바꾸고, 뛰는 것뿐만 아니라, 물 위에서 걷기, 외줄타기 등 다양한 방식으로도 움직일 수 있어. 아마도 세계에서 가장 안전한 로봇이 아닐까 싶어. 하지만 바람이 부는 실외에서는 작동이 잘 안 되고, 또 무거운 물건들을 집거나 들고 움직일 수 없다는 단점도 있단다.

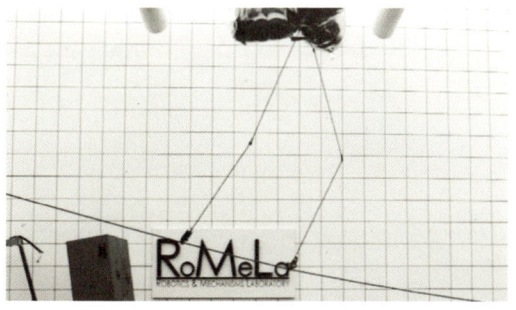

라라 LARA
Luskin Automated Robot Assistant UCLA

    UCLA 대학 캠퍼스 안에 있는 '러스킨 컨퍼런스센터 호텔'을 위해 제작한 소형 휴머노이드 로봇이야. 호텔 로비에서 재미있는 몸짓과 귀여운 표정으로 손님들을 맞이하지. 손님들에게 러스킨 호텔과 UCLA 캠퍼스, 대학 주변 지역에 대한 정보도 알려 준단다. 라라는 러스킨 호텔에서 빼놓을 수 없는 누구나에게 사랑받는 마스코트야.
    또한 라라는 얼굴 인식 및 트랙킹추적 기능이 탑재되어 있어서 인간-로봇 상호작용Human-Robot Interaction 분야의 연구 플랫폼 역할도 해내고 있지. 머리에 있는 카메라와 마이크를 통해 실시간으로 데이터를 수집해. 그렇게 수집한 데이터를 인공 지능을 사용해 더욱더 똑똑하고 유용한 기능으로 업그레이드할 예정이야.

하이드라스 HyDRAS
Hyper-redundant Discrete Robotic Articulated Serpentine

하이드라스는 공사 현장에서 인부들이 추락 사고로 다치는 것을 막기 위해서 개발한 로봇이야. 공사장의 비계*에 대신 올라가서 공사를 돕는 로봇인데 모습이 뱀처럼 생겼어. 하지만 진짜 뱀처럼 움직이지는 않아. 대신 로봇의 몸이 기둥을 친친 감고, 각 조인트**가 왕복 운동을 하면서 몸 전체가 뒤틀려 올라가는 특이한 움직임을 보이지. 자연 속의 뱀과 동작 원리는 다르지만 겉으로 보기에는 마치 뱀이 몸을 뒤틀며 올라가는 듯한 새로운 움직임이랄까.

이런 움직임 덕분에 하이드라스는 높은 건물의 공사뿐만 아니라 다리의 안전을 검사할 때 기둥을 타고 물속으로 내려갈 수도 있단다.

---

* 높은 곳에서 공사를 할 수 있도록 임시로 설치한 가설물.
** 기계에서 연결된 곳이나 한데 닿는 곳을 이은 자리.

마지 MAGI
Magic, Art and Gaming Initiative

　　　　　마지는 넷플릭스Netflix의 인기 프로그램, <인간이란: 저스틴 윌먼 매직쇼Magic for Humans>에 출연한 마술사의 꿈을 가진 전직 셰프 로봇이야. 나의 세 가지 꿈인 로봇 공학자, 요리사, 마술사를 현실에서 이루어 준 로봇이지. 처음엔 <마스터 셰프MasterChef USA>에 출연할 때 나를 보조할 요리사로 카알CARL: Culinary Assistant Robotic Limb 을 개발했어. 사실 카알은 신체가 자유롭지 못한 사람들을 위한 로봇인데, 함께 TV에 출연해서 사람들을 돕는 로봇의 비전을 보여 주려는 마음도 있었어. 그런 카알이 한층 업그레이드되어서 마술사 로봇 마지가 탄생하게 되었단다.

토르 THOR
Tactical Hazardous Operations Robot

　　토르는 인류와 지구를 구하는 거대한 포부를 품고 태어난 재난 구조 휴머노이드 로봇이야. 원자력 발전소에서 사고가 나면 방사능 때문에 사람이 구조하러 들어갈 수 없거든. 그런데 토르는 이런 위험한 상황에서 사람을 구조하고 재난 상황에 대처하는 로봇이야. 로멜라 연구소에서 개발한 인공 근육 기술을 사용하여 험난한 지역에서도 넘어지지 않고 걸을 수 있거든. 또한 여러 가지 센서들을 장착해서 주어진 환경에서 자율적으로 작업을 실행하도록 설계되었어. 토르는 다르파DARPA 재난 구조 로봇 대회를 위해 개발했으나 안타까운 이유로 출전하지 못하고 더는 로멜라 연구소에 있지는 않아.

나비 NABi
Non-Anthropomorphic Biped

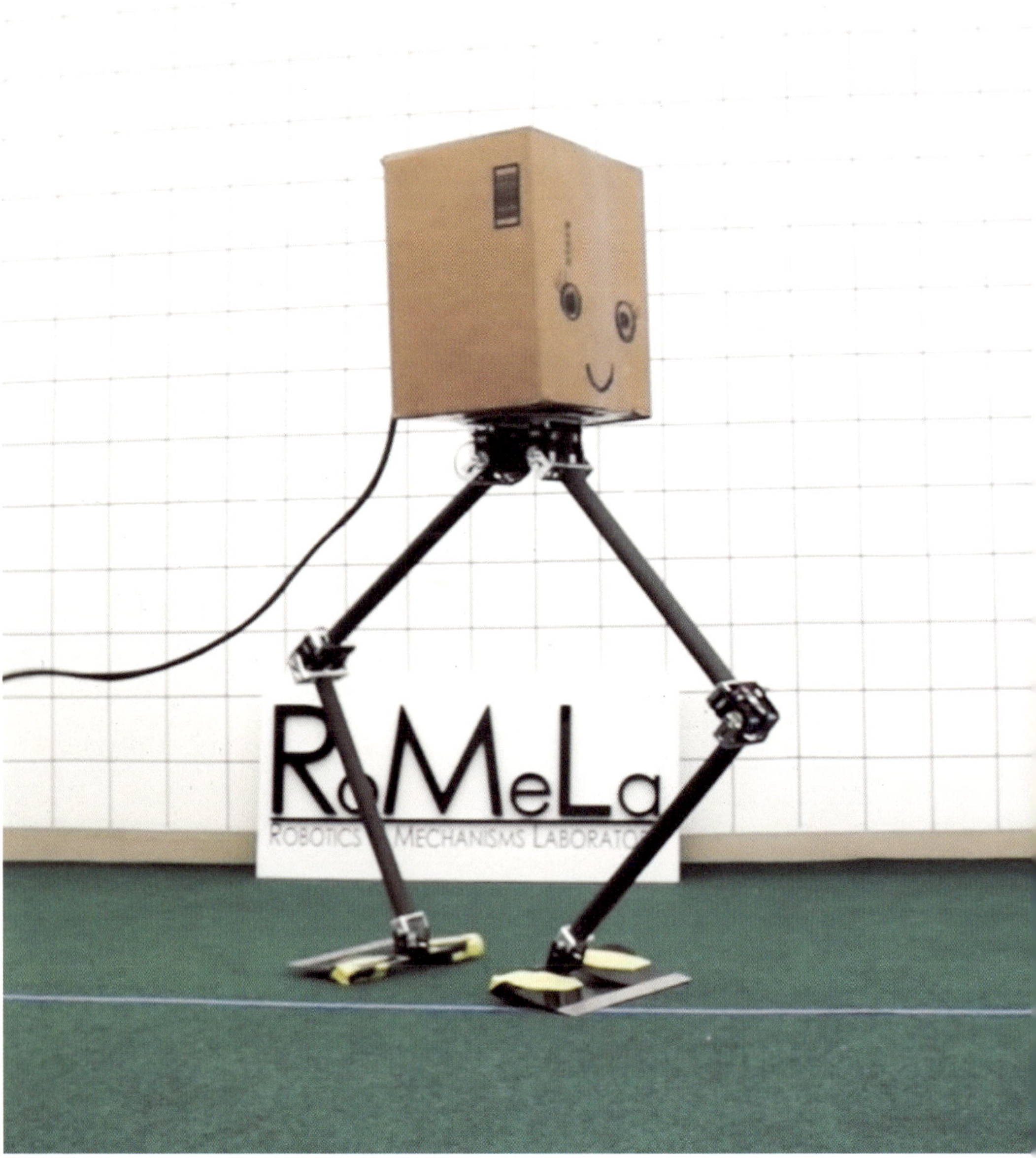

나비는 로봇이 사람처럼 생겨야 한다는 고정 관념을 깨고 만든 새로운 이족 보행 로봇이야. 지난 10년간 사람 형태의 휴머노이드 로봇을 연구해 왔지만 휴머노이드 로봇은 너무 느리고 잘 넘어지고 복잡하고 비싸고 위험하다는 등 단점이 많았지.

하지만 나비는 발레리나와 펜싱 선수의 움직임에서 영감을 얻어서 로봇의 두 다리를 왼쪽과 오른쪽이 아닌, 앞과 뒤로 배치했어. 이로 인해 휴머노이드 로봇의 많은 문제를 해결할 수 있었지. 로봇의 발은 스프링 재질을 사용한단다. 주변의 환경으로부터 받는 에너지를 스프링에 저장하고 다시 내보낼 수 있어서 점프처럼 보다 역동적인 동작을 할 수 있지. 또 무릎을 연속적으로 360도로 돌 수 있게 설계해서 계단과 높은 장애물도 쉽게 올라가고 넘을 수 있어.

임패스 IMPASS
Intelligent Mobility Platform with Active Spoke System

임패스는 바퀴와 다리의 장점을 합쳐서 만든 새로운 이동 방식의 과학 탐사 및 구조용 로봇이야. 바퀴는 구조가 간단하고 효율적이며 가격이 낮아서 기계들에 자주 쓰이는 이동 방식이지. 또한 인간의 다리는 험난한 지역에서 이동하기에 적합하단다. 임패스는 이러한 각각의 장점을 섞어 만든 획기적인 로봇이야. 바퀴처럼 돌아가는 중심축에 들어갔다 나왔다 하는 막대들을 달아서 험난한 지역에도 쉽게 다닐 수 있고 자기 몸의 3배 이상 되는 높은 장애물도 거침없이 올라간단다. 현재 존재하는 로봇들 중에서 가장 이동성이 좋은 로봇이야.

자기만의 빛을 발하는 꿈을 찾는 것이 중요해

　안녕하세요, 데니스 홍입니다. 저는 로봇 공학자이자 로봇 연구소 로멜라의 소장이지만, 그보다 먼저 이산이의 아빠입니다.

　오랜 시간 이산이와 함께 즐거운 마음으로 열심히 준비한 책이 세상에 나오게 되어서 정말 기쁩니다! 그만큼 많은 분들이 이 책을 재미있게 읽으셨다면 더없이 행복하겠습니다.

　매일 밤 이산이가 잠자리에 들 때, 저는 이산이를 위해 이야기를 만들어 들려주고는 합니다. 잠자리에서 만드는 이야기들이라 늘 재미있는 것만 나오지는 않습니다. 재미없게 흘러가거나 어떻게 이야기를 이어 나가야 할지 몰라서 중간에 끝기는 경우도 많습니다. 어떤 때는, 물론 재미가 없어서 그런 건 아니지만, 이야기 중간에 아쉽게도 이산이가 잠들어 버리기도 합니다. 그렇지만 이렇게 만들어 낸 이야기 속에는 언제나 제 사랑이 담겨 있고, 이산이에게 들려주고 싶은 중요한 메시지들이 숨어 있습니다. 이 책은 그렇게 잠자리에서 들려준 이야기를 바탕으로 하여 만들었으며, 이산이에게 들려주고 싶은 중요한 가치와 지혜들을 함께 담았습니다.

　로봇은 완벽할 수 없습니다. 모든 일을 다 잘할 수 있는 것도 아닙니다. 하지만 자기가 잘하는 한 가지 능력을 발견한다면, 그 능력을 발휘할 수 있는 환경이 주어진다면 그 로봇은 유용한 가치를 발휘할 수 있습니다. 처음에는 실패한 것처럼 보였던 열한 대의 로봇들처럼 말이지요.

　사람도 마찬가지입니다. 자기가 어떤 일을 잘 못한다고 해서 기죽을 필요는 없습니다. 운동을 잘하는 친구도 있고, 수학을 잘하는 친구도 있고, 노래를 잘하는 친구도 있으며, 뭔가 뚝딱뚝딱 잘 만드는 재주가 있는 친구도 있으니까요. 하지만 한 사람이 그 모든 것을 다 잘할 수는 없습니다. 자기가 좋아하고 잘하는, 자기만의 빛을 발할 수 있는 한 가지를 찾아서 꿈으로 만드는 것이 중요합니다. 물론 부모가 아이의 꿈을 찾도록 도와주고 능력을 발휘할 수 있는 환경을 만들어 주는 것 또한 중요합니다.

　이 책에 등장하는 열한 대의 로봇들은 위기 상황에서 이산이의 진두지휘 아래 지혜를 발휘해 외계인을 물리치고 지구의 장난감을 사수합니다. 자기만의 능력을 발휘하고 서로 도우면서요. 힘을 합치면 어떤 어려운 일도 해낼 수 있다는 협동의 중요성을 깨닫게 합니다.

　여기서 한 가지 더 주목할 점은 외계인이 침공한 위기 상황에서도 침착하게 사태를 분석하고, 팀원들 개개인의 능력을 파악해 일을 분담하고 응원하는 치어리더가 있었다는 것입니다. 이산이가 이런 치어리더 역할을 하면서 로봇들이 제 능력을 잘 발휘할 수 있었고, 힘을 합쳐 외계인을 물리칠 수 있었습니다. 이것이 바로 진정한 리더십이라고 생각합니다. 또한 이산이는 처음 로봇들이 제 역할을 하지 못해서 슬퍼할 때 함께 슬퍼하고, 잃어버렸던 강아지를 찾고 기뻐하는 친구를 보고 함께 기뻐합니다. 타인의 마음을 헤아릴 줄 아는 공감 능력, 사람을 위한 따뜻한 기술을 만들고자 하는 배려심과 사랑 역시 미래를 이끌어 갈 우리 아이들에게 꼭 필요한 중요한 힘과 능력이라고 생각합니다. 이것은 로봇 연구소 로멜라가 중요시하는 가치이기도 합니다.

이 책의 마지막에서 외계인들이 또 쳐들어올까 봐 걱정하는 이산이와 이런 이야기를 합니다.

"문제의 해결은 그 문제가 '왜' 생겼는지를 먼저 이해하는 데에서 시작하는 거야."

당연한 말로 들릴지 모르겠지만, 이는 문제 해결의 아주 중요한 비밀을 알려 줍니다. 실제로 제가 로봇을 연구하고, 일상생활에서 매일 부딪치는 문제의 해결책을 찾기 위한 첫 단계로 늘 이 말을 떠올리고 있습니다. 어떤 문제가 발생했을 때 먼저 다른 사람을 향해 손가락질하거나, 핑계를 대며 책임을 지지 않거나, 발등의 불만 끄고자 눈앞에 보이는 문제만을 해결한다면 그 문제는 결국 다시 발생할 수밖에 없습니다.

문제의 본질을 먼저 파악해야 진정한 해결책이 나올 수 있습니다. 만약 외계인들이 우주로 도망가서 문제가 해결되었다고 그대로 안주했다면, 그 외계인들은 분명 더 무시무시한 무기들을 들고 다시 지구로 쳐들어왔겠지요. 책에서는 마지막에 외계인이 쳐들어온 근본 원인이었던 로봇 기술을 외계인과 공유하기로 하면서 문제를 해결합니다. 나눔과 공유의 힘을 보여 준 것이지요. 제가 실제로 로봇을 연구하면서 언제나 실천하고 있는 중요한 자세 중 하나입니다.

이 책의 이야기는 이산이와 제가 함께 만들었지만, 여기에 등장하는 기발한 열한 대의 로봇은 모두 이산이가 스스로 생각해 낸 아이디어입니다. 저는 평소에 아들에게 자주 질문을 하고 또 함께 놀이하면서 저에게 편하게 질문할 수 있는 분위기를 만들어 줍니다. 이런 과정을 통해 이산이의 호기심과 상상력을 키워 주는 것이지요. 이산이가 멋지고 창의적인 로봇 아이디어를 떠올리는 데 많은 도움이 되었을 겁니다. 마치 이야기 속 이산이와 아빠처럼요. 비록 『로봇 일레븐』의 이야기는 허구이지만, 이산이와 저의 실제 모습이 살짝 드러나기도 한답니다. 이 책이 제게 더 소중한 이유입니다.

제가 중요하게 생각하는 가치들을 이 책을 통해 부모님들과도 공유하고 싶습니다.

- 자기만의 빛을 발할 수 있는 한 가지 일을 찾아 그것을 꿈으로 만드는 것. 그리고 그 능력을 발휘할 수 있는 환경을 만들어 주는 일.
- 미래를 이끌 우리 어린이들이 가져야 하는 중요한 역량인 리더십, 협동심, 공감 능력, 배려심, 사랑.
- 문제의 본질을 이해하는 것이 문제 해결의 첫 걸음이라는 지혜. 그리고 공유와 나눔의 힘.
- 질문과 대화를 통해 키우는 호기심과 상상력.

매우 중요하고 필요한 가치들이지만 너무 드러내면 아이들이 자칫 따분한 교훈적 이야기로 받아들일 것 같았습니다. 그래서 아이들이 스스로 느낄 수 있도록 재미있는 이야기 속에 숨겨 놓았습니다. 아무쪼록 아이들이 잘 느끼고 받아들일 수 있었으면 좋겠습니다. 그렇다면 책의 저자로서 더없이 기쁠 겁니다.

　이 책에는 이산이에게 알려 주고 싶은 지혜와 이산이에 대한 제 사랑이 듬뿍 담겨 있습니다. 그 지혜와 사랑이 이산이와 저를 넘어 많은 아이들에게, 그리고 많은 부모님들에게도 널리 전달되었으면 좋겠습니다. 물론 이야기의 재미도 함께요.

　이산이를 위해 제가 잠자리에서 만든 재미있는 이야기들이 아직도 많이 남아 있습니다. 기회가 있으면 그 이야기들도 책으로 엮어 더 많은 사람들과 나누고 싶습니다.

　감사합니다.

데니스 홍

로봇 일레븐

초판 1쇄 발행 2019년 4월 10일
초판 3쇄 발행 2023년 4월 5일

지은이 | 데니스 홍 · 홍이산
그린이 | 정용환

펴낸이 | 문태진
본부장 | 서금선
편집팀 | 임선아 이은지
디자인 | 이유정   본문(90쪽) 사진 | Elena Zhukova, University of California

마케팅팀 | 김동준 이재성 박병국 문무현 김윤희 김혜민 이지현 조용환
디자인팀 | 김현철 손성규   저작권팀 | 정선주
경영지원팀 | 노강희 유현성 정헌준 조샘 조희연 김기현 이하늘
강연팀 | 장진항 조은빛 강유정 신유리 김수연 서민지

펴낸곳 | ㈜인플루엔셜
출판신고 | 2012년 5월 18일 제300-2012-1043호
주소 | (06619) 서울특별시 서초구 서초대로 398 BnK디지털타워 11층
전화 | 02)720-1034(기획편집) 02)720-1024(마케팅) 02)720-1042(강연섭외)
팩스 | 02)720-1043   전자우편 | books@influential.co.kr
홈페이지 | www.influential.co.kr

ⓒ 데니스 홍 · 홍이산 2019
ⓒ 정용환 2019

ISBN 979-11-89995-04-1 73810

* 이 책은 저작권법에 따라 보호받는 저작물이므로 무단 전재와 무단 복제를 금하며, 이 책 내용의 전부 또는 일부를 이용하려면 반드시 저작권자와 ㈜인플루엔셜의 서면 동의를 받아야 합니다.
* 잘못된 책은 구입처에서 바꿔 드립니다.
* 책값은 뒤표지에 있습니다.
* 참신한 원고가 있으신 분은 연락처와 함께 letter@influential.co.kr로 보내 주세요.